D1927118

Im Okt. 2011

Liebe Jutta! ♡

Ja, ein freundlicher Sonnenstrahl möge Dich in dieser sicherlich nicht einfachen Zeit jeden Tag begleiten, Weiterhin gute Fortschritte im wahrsten Sinne des Wortes!

Unsere guten Wünsche und Gedanken sind bei Dir!

Von ♡-en Fefe, Wolfgang u. die ganze Fam…

Phil Bosmans

Ein freundlicher Sonnenstrahl

in Tagen der Krankheit

HERDER

FREIBURG · BASEL · WIEN

Hoffnung

Freud und Leid, beides gehört
zum menschlichen Leben.
Sosehr wir uns wünschen, dass alles gelingt,
ein leidfreies Leben gibt es
hier auf Erden nicht.
Aber wir hoffen, dass Schmerzen aufhören.
Wir wünschen uns, wenn wir
eine Sorge endlich los sind,
dass nicht gleich die nächste auf uns lauert.
Wir können diese Hoffnung trainieren:
nicht nur auf das Böse starren,
sondern überall versuchen,
Gutes zu entdecken und Gutes zu tun.

Ebbe und Flut

Es gibt Tage, da scheint die Sonne. Du lachst, du möchtest vor Freude platzen. Doch auf einmal ist alles anders. Eine dunkle Nacht überfällt dich. Du denkst: So wird es immer weitergehen, dieser Zustand wird sich nicht mehr ändern. Und du weißt nicht, warum.

Warum muss das so sein?

Weil der Mensch ein Stück Natur ist, mit Frühlingstagen und Herbsttagen, mit Wärme im Sommer und Kälte im Winter, mit Ebbe und Flut. Wenn du diesen Wechsel begreifst, wenn du Ja sagst zum Rhythmus des Lebens, wirst du durch sein Auf und Ab zu immer größerer Lebenstiefe finden.

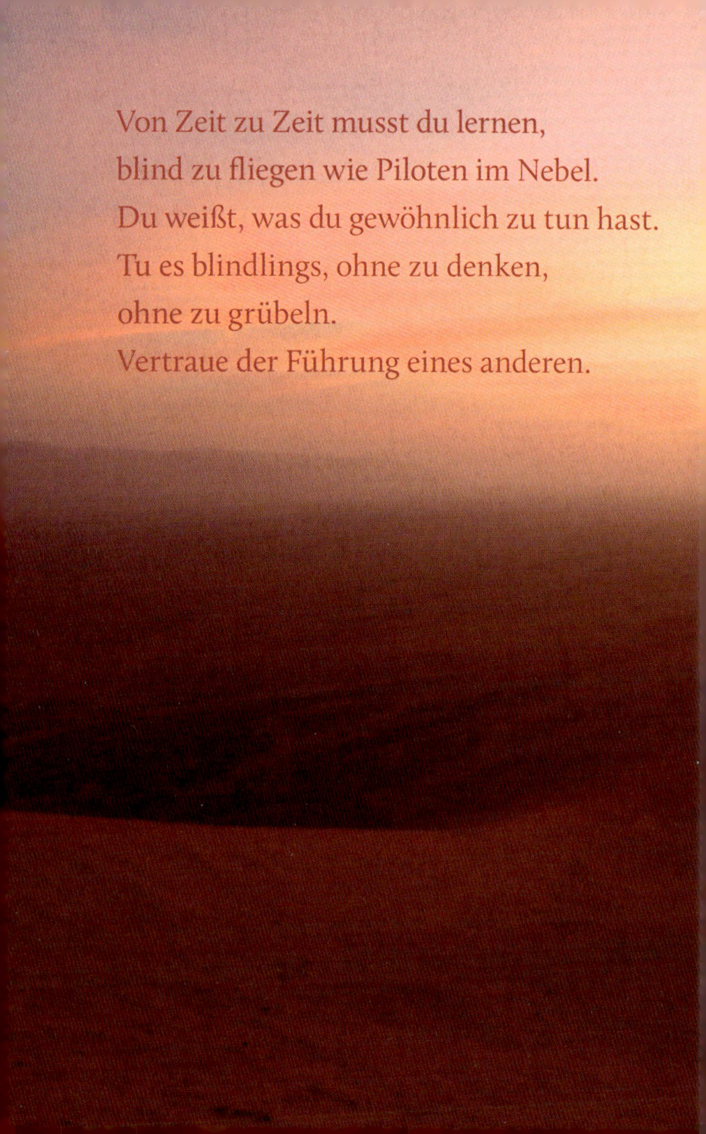

Von Zeit zu Zeit musst du lernen,
blind zu fliegen wie Piloten im Nebel.
Du weißt, was du gewöhnlich zu tun hast.
Tu es blindlings, ohne zu denken,
ohne zu grübeln.
Vertraue der Führung eines anderen.

Hab Geduld –
auch mit dir
selbst.

Wenn dein Leben
in eine schwarze Nacht gerät,
hab Geduld mit dir selbst
und warte,
bis es heller
wird.

Schau nach oben!

Manche Menschen können nicht mehr an die Sonne glauben, wenn es Nacht ist. Ihnen fehlt das bisschen Geduld, zu warten, bis der Morgen kommt. Wenn du im Dunkel bist, schau nach oben, wo die Sonne auf dich wartet.

Glauben

Das Saatkorn sieht die Ähre nicht, aber es glaubt daran und vertraut auf hundertfache Frucht. Der Weg des Saatkorns ist der Weg jedes Menschen zu Fruchtbarkeit und Reife.

An deiner Seite

Du kannst alles aushalten, du kannst alles durchstehen, wenn ein Freund, eine Freundin an deiner Seite ist und zu dir steht. Selbst wenn sie nichts weiter tun, als wortlos deine Hand zu halten.

Du siehst alles
anders
und viel besser
mit Augen,
die geweint haben.

Trost

Trost ist wie Salbe auf eine Wunde. Trost ist wie eine Oase in einer Wüste. Trost ist wie eine sanfte Hand, ein gütiges Gesicht in deiner Nähe.

Trost ist die Gegenwart eines Menschen, der deine Tränen versteht, der deinem verängstigten Herzen zuhört, der in deiner Not bei dir bleibt und dich ein paar Sterne sehen lässt.

Lebensmut

Es gibt Tage, da sitzen wir fest vor lauter Sorgen und Problemen. Schmerzen rauben die Lebensfreude. Und trotzdem regt sich Widerstand. Unser Lebenswille fängt an zu kämpfen. Entscheidend in diesem Kampf ist die Blickrichtung: nach oben. Unser kleines Leben ist getragen von einem unfassbar großen Himmel.

Du bist nicht allein

Stehst du mit leeren Händen da, dann wisse, dass Gott von dir keine vollen Scheunen verlangt. Wenn du alle deine Karten ausgespielt hast, hat Gott immer noch einen Trumpf im Ärmel.

Unser Leben ist nicht
so vordergründig,
wie es aussieht.
Es ist umgeben
von wunderbaren
Mächten.

Es geht vorbei

Das gibt es in jedem Leben: Ereignisse, die plötzlich alles umstürzen, was wir uns vorgestellt hatten. Sie stürzen die Betroffenen in eine dunkle Nacht, die anderen schauen fassungslos zu oder wollen nichts davon wissen. Die guten Tage des Lebens gehen vorbei. Wir finden das jammerschade. Aber die schlechten gehen auch vorbei. Warum tröstet uns das nicht?

Annehmen

In jedem Menschenleben: das Kreuz. Früher oder später stößt du mit deinem Kopf gegen den hässlichen Querbalken, der dein Leben zu einem Kreuz macht. Du wirst krank. Du kannst nicht mehr. Das Kreuz ist eine Realität in jedem Menschenleben. Viele verschließen ihre Augen davor. Viele zerbrechen daran. Aber du hast keine Wahl. Du trägst dein Kreuz, oder es wird dich erdrücken. Das Kreuz, das du ablehnst, liegt dir auf allen Wegen quer. Das Kreuz, das du annimmst, ist wie eine Antenne, mit der du eine Botschaft von Gott empfangen kannst, die Nachricht von seiner unvorstellbaren Liebe

Um ein bisschen glücklich zu sein, musst du dich mit dem Leben versöhnen, mit deinem eigenen Leben, wie es nun einmal ist. Du steckst in deiner eigenen Haut, in einer anderen Haut kannst du nicht mehr geboren werden.

Versöhne dich mit dem Leben.

Ich wünsche dir Geduld

Warten gehört zum menschlichen Leben. Wenn wir warten, können wir nicht viel machen. Geduld heißt: Spannung aushalten; mit Ungewissheit leben; an sich halten, wenn man aus der Haut fahren möchte; annehmen, was sich nicht ändern lässt.

Geduld ist Stärke, nicht Dummheit. In der Geduld zeigt sich die Größe eines Menschen.

Ich wünsche dir einen Freund
an deiner Seite.
Eine zärtliche Hand,
eine sanfte Geste,
eine stille Umarmung.
Sie geben zu verstehen:
Ich fühle mit dir.

Du bist nicht
allein.

Ich wünsche dir
Zeit für Stille

Höre auf die Stille, komm zu dir selbst! Der Weg, den du zurücklegen musst, ist nicht weit. Es ist der Abstand zwischen deiner Außenseite und deinem Innern. Wer sich auf die Stille einlässt, wird tief im eigenen Innern eine geheimnisvolle Stimme hören, fremd und doch so vertraut, leise und doch so glücklich machend. Im Zwiegespräch mit dieser Stimme kommen wir zu uns selbst.

Hab Mut!

Mut ist eine kostbare Gabe. Wir können viel verlieren, ohne wirklich unglücklich zu sein. Aber wer den Mut verliert, ist wie ein Vogel, der seine Flügel verliert. Ohne Mut können wir nicht leben. Mit Mut kommt man überall durch, so schwer es auch ist, so ausweglos die Situation auch erscheinen mag. Wer sagt: Hab Mut, sagt damit auch: Du bist nicht allein.

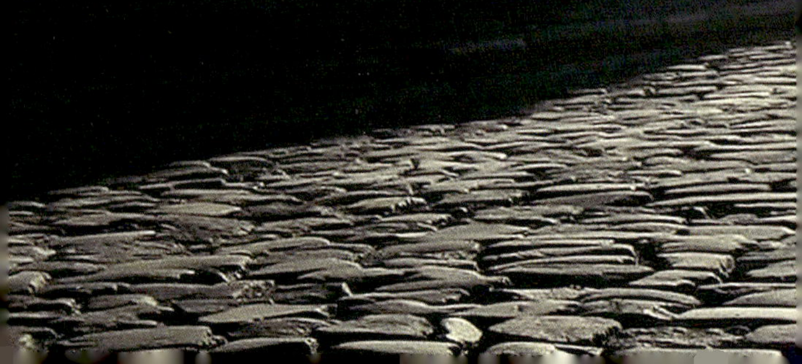

Du lebst nur
einen Tag:
Heute

Heute ist der Tag, um glücklich zu sein. Kein anderer Tag ist dir gegeben als dieser Tag, um zu leben, um froh und zufrieden zu sein. Zerbrich dir nicht den Kopf mit Sorgen von morgen. Belaste dein Herz nicht mit dem Elend von gestern. Gestern: schon vorbei. Morgen: kommt erst noch. Heute: der einzige Tag, den du in der Hand hast.

Steh auf!

Es ist ein unbegreifliches Geheimnis, aber es ist geschehen, dass Menschen in ihrer tiefsten Qual und in der schwärzesten Nacht, durch alles Elend und Leid hindurch plötzlich Gott sehen, Gott begegnen. So kommt es, dass manchmal Menschen Gott überwältigt danken für das Kreuz, das er ihnen zu tragen gab. Aufstehen! Hin zum Licht. Steh auf aus der Nacht deiner Mutlosigkeit zu einem neuen Morgen. Wenn Gott schon in jedes Blatt eines jeden Baumes Auferstehung geschrieben hat, um wie viel mehr auch in dein armes Menschenherz!

Dein Glück liegt nicht am anderen Ufer. Nicht bei den anderen, von denen du meinst, sie hätten mehr Glück.

Dein Glück liegt in dir.

Gedanken voller Sonne

Angst verdunkelt die Seele, quält das Herz. Angst hat viele Gesichter: zu versagen, verlassen zu werden, nicht geliebt zu sein. Wir haben Angst vor der unsicheren Zukunft, vor Unglück, Krankheit und Schmerz. Doch dazu ist das Leben nicht da. Dazu ist der Mensch nicht gemacht. Weißt du, dass dein Glück großenteils davon abhängt, an was du denkst? Denke niemals: Ich habe sowieso keine Chance. Sorge für gute, erfrischende, optimistische Gedanken, für Gedanken voller Sonne. Gedanken voller Sonne verzehnfachen deine Verstandeskraft und deine Willensstärke.

Da musst
du durch!

Das gibt es in jedem Leben: Zeiten, in denen es eng wird. Bricht eine Krankheit aus, ist nichts mehr wie vorher. Engpässe im Leben verursachen Ängste. Vertrauen verleiht die Kraft, sich nicht aufzugeben. Der „Strohhalm“, der Halt verspricht, wird je nach Situation verschieden sein, jeder Mensch hat sein eigenes Schicksal. Eine Hilfe kann schon die Selbstermutigung sein: „Es geht nicht anders, da musst du durch.“ In dieses Selbstgespräch mischt sich wie von fern und doch so nah eine unhörbare Stimme: „Hab keine Angst! Du bist nicht allein, ich bin bei dir.“

Segen

Gesegnet seien,
die meine Schmerzen lindern
und auf meine Krankheit
Rücksicht nehmen.
Gesegnet seien,
die mich Liebe fühlen lassen
und die zärtlich
mit mir umgehen.

Ein Hafen voller Licht

Menschen suchen ihr Leben lang auf vielen Wegen, Umwegen und Irrwegen einen bleibenden Ort, einen Heimathafen, einen Tisch mit Brot und Wein, ein Herz, eine sanfte Hand, eine stille Gegenwart, die bleibt, auch wenn die Worte verstummen. Aber das Leben lehrt, dass Menschen für Menschen nur ein Zwischenhafen sind, ein Anlegeplatz auf Zeit, wie schön er auch sei. Menschen suchen, ob sie darum wissen oder nicht, im Grunde den großen Strom, der sie ans andere Ufer bringt, zum endgültigen Hafen, wo sie für immer geborgen sind, zu dem Hafen voller Licht und Liebe, den ich Gott nenne.

Was die Liebe trägt, ist niemals eine Last.

Wer liebt, der vermag alles.

Phil Bosmans

Vitamine fürs Herz
Hg. von Ulrich Schütz
Durchgehend illustriert mit farbigen Abbildungen
208 Seiten | Gebunden mit Leseband
ISBN 978-3-451-32802-2

Mensch, ich hab dich gern
Hg. von Ulrich Sander
Herder Spektrum Taschenbuch 7095
ISBN 978-3-451-07095-2

Mehr Sonne fürs Herz!
Durchgehend illustriert mit farbigen Abbildungen
104 Seiten | Aufstellbuch mit Spiralbindung
ISBN 978-3-451-32376-8

Mit allen guten Wünschen zum Geburtstag
Durchgehend illustriert mit farbigen Abbildungen
64 Seiten | Gebunden
ISBN 978-3-451-32377-5

Danke sagt mein Herz für alles Gute
Durchgehend illustriert mit farbigen Abbildungen
64 Seiten | Gebunden
ISBN 978-3-451-32378-1

Ein Engel des Trostes in Zeiten des Abschieds
Durchgehend illustriert mit farbigen Abbildungen
64 Seiten | Gebunden
ISBN 978-3-451-32381-2

HERDER

Dieser Band wurde zusammengestellt aus Werken von Phil Bosmans, die im Verlag Herder, Freiburg im Breisgau, erschienen sind. Alle Bücher von Phil Bosmans sind aus dem Niederländischen übersetzt und herausgegeben von Ulrich Schütz. Für diese Ausgabe ausgewählt und bearbeitet von Ulrich Sander.

© Verlag Herder GmbH, Freiburg im Breisgau 2011
www.herder.de
Alle Rechte vorbehalten

Umschlagmotiv:
© photocase_Kyken_gruen_fonce_more

Fotos im Innenteil:
© photocase: S. 6 manun, S. 8 una knipsilona, S. 10: doris17, S. 12 kasepop, S. 14 daniel_schoenen, S. 16 Erdbeertorte, S. 18 froodmat, S.20 Gerti G., S. 22 pischare, S. 24 dioxin, S. 26 momosu, S. 28 teach_miA, S. 30 Lichtstark, S.32 ralhar, S. 34 emma75, S. 36 view7, S. 38 jarts, S. 40 daniel_schoenen, S. 42 laudiarndt, S. 44 herschmidt, S. 46 manun, S. 48 manun, S. 50 Mister-QM, S. 52 kallejipp, S. 54 GabyJ, S. 56 photocase ts-grafik_de, S. 58 vandalay

Gesamtgestaltung:
Weiß-Freiburg GmbH, Graphik & Buchgestaltung

Herstellung:
Graspo

Gedruckt auf umweltfreundlichem,
chlorfrei gebleichtem Papier
Printed in the Czech Republic

ISBN 978-3-451-32379-9

Bund ohne Namen

von Phil Bosmans gegründet für mehr Herz in dieser Welt

Nähere Informationen über die Kontaktadresse:
Bund ohne Namen e. V.
Postfach 154
D-79001 Freiburg

Oder im Internet:
www.bund-ohne-namen.de
www.phil-bosmans.de